献给卡洛琳——麦克·史密斯

图书在版编目（CIP）数据

100层的巴士 /（英）麦克·史密斯著 ；孙慧阳译.
-- 南昌 ：二十一世纪出版社集团，2017.10(2020.1重印)
ISBN 978-7-5568-2929-3

Ⅰ. ①1… Ⅱ. ①麦… ②孙… Ⅲ. ①儿童故事－图画故事
－英国－现代 Ⅳ. ①I561.85

中国版本图书馆CIP数据核字(2017)第199949号

The Hundred Decker Bus
First published by Macmillan Children's Books
A division of Macmillan Publishers Limited
THE HUNDRED DECKER BUS by Mike Smith

版权合同登记号 14–2013–429

100层的巴士 [英]麦克·史密斯 著 孙慧阳 译 编辑统筹:魏钢强 责任编辑:连 莹 美术编辑:曹爱华 张 力 出版发行:二十一世纪出版社集团（江西省南昌市子安路75号 330025） 出版人:刘凯军 经销:全国各地书店 印刷:北京尚唐印刷包装有限公司 版次:2014年1月第1版 2017年10月第2版 2020年1月第33次印刷 开本:889×1194 1/16 印张:2 书号:978-7-5568-2929-3 定价:35.00元

赣版权登字 04–2017–545

如发现印装质量问题，请寄回本社图书发行公司调换 0791–86512506

麦克米伦世纪童书

北京麦克米伦世纪咨询服务有限公司
北京市海淀区花园路甲 13 号院 7 号楼庚坊国际 10 层
邮编：100088 电话：010–82093837
新浪官方微博：@麦克米伦世纪出版

100层的巴士

[英] 麦克·史密斯 著 孙慧阳 译

二十一世纪出版社集团
21st Century Publishing Group

那是一个星期二的清晨，与平时没什么不同。

像往常一样，

5:57，

巴士司机喝完茶。

像往常一样，

5:58，

巴士司机穿好外套。

还是像往常一样，

5:59，

巴士司机登上双层巴士。

六点整，他准时发动引擎，驾车驶离公共汽车总站。

每天如此，
系着宽大的红色领带的先生
在环岛站上车。

每天如此，
推着婴儿车的女士
在图书馆站上车。

还是每天如此，
叽叽喳喳的孩子们
在幸运草站上车。

"唉！"巴士司机轻轻地叹了一口气。每天都重复同样的生活，他有些厌倦了。"要是能乘上那只热气球，"他想，"我们就能飘到天上去，飘得远远的，飘到任何想去的地方。"

正想着，巴士司机注意到一条以前他从没见过的小路。

"这条路通向哪儿呢？"他暗自琢磨。

司机转动方向盘，双层巴士驶入小路。

这并不是他平常行车的路线。太令人兴奋啦！不久，

车子渐渐远离了城市，缓缓行驶在乡间小路上。

“请问，”红领带先生说，“我们这是要开到哪儿去呀？”

“我不知道，”巴士司机欢快地回答，“哪儿都能去！”

双层巴士继续向前行驶。车子驶入那些他们从没去过的、不同以往的城镇，镇里有他们从没去过的、不同以往的公共汽车站。

这真是一场大冒险！

没过多久，双层巴士上坐满了兴高采烈的乘客，尽管他们并不知道要去哪儿。

过了整整一天，双层巴士抵达海边。

“没路可开了。”司机略带伤感地通知乘客们。

“我们可不能现在就停，”推婴儿车的女士说，

“去坐渡轮吧。”

于是，车子开上了渡轮。

“这车要开到哪儿去呀？”渡轮上的一群船员们问道。

“哪儿都能去！”巴士司机回答，“我们正在冒险呢！”

“能让我们搭车吗？”船员们问。

“当然欢迎！”巴士司机回答，“不过，我们的车子满员了。”

船员们陷入了沉思。

他们卖力地工作了 整整一夜，

敲敲打打、叮叮当当、钻孔打洞……

第二天早晨，开上岸的是一辆

闪闪发光的三层巴士。

镇上开来一辆大型巴士的

消息传开了……

很快，三层巴士再次满员！

乘客们又齐心协力，

开始建造巴士的第四层。

四层巴士里洋溢着欢声笑语，

直到……

“没问题，”学生们说，

“我们有办法！”

他们想出一个穿过（并跨越！）

大桥的妙招。

“这下，再没有什么能阻挡我们前进啦！”乘客们欢呼。

紧接着，巴士的第五层、第六层和第七层也逐级搭建起来。

巴士一路前行。

要搭车吗？
车子开得越远，车厢长得越高！
这车要开到哪儿去呀？
哪儿都能去！
那辆巴士来了！

两个月之后，巴士穿越一个气候异常炎热的国家。因此，第三十层车厢被建成了一座游泳池，池水还挺深！

六个月过去了，巴士的高度超过了最高的摩天大楼。

乘客们出发一年之后，这辆巴士已经高达100层。人们为此举行了一场盛大的庆典，尽情欢笑，彻夜无眠。

100

就在庆典过后的第二天，
车子开始发出怪声。

“哦，天哪！”巴士司机说。

又过了一天，
发动机开始冒起烟来。

“天哪，哦，天哪！”
巴士司机大喊。

又再过了一天，
发动机盖子直接炸开了。

“天哪！哦，天哪！哦，天哪！”
巴士司机尖叫起来。

可怜的巴士出了故障！

乘客们一个个走出巴士，你看看我、我看看你。

“我们现在去哪儿？”他们问司机。

“哪儿都不能去了。”司机略带伤感地回答。

忽然，有位听觉特别灵敏的乘客问：

因为，这本来就是一场大冒险啊！